지은이 **라드카 피로**

작가이자 편집자예요. 책을 좋아하며 여행을 즐기고 독창적인 이야기를 무척 사랑해요. 외국어를 공부한 뒤 인생의 목표를 찾기 위해 세계 곳곳을 누볐어요. 현재는 체코에 살아요.

그린이 **샬럿 몰라스**

파리와 비아리츠를 오가며 활동하는 일러스트레이터예요. 마케팅과 시각 커뮤니케이션을 공부한 뒤 언론사에서 일하며 다양한 브랜드 및 기관들과 협업하고 있지요. 우아하고 화려한 그래픽 표현으로 그림에 유머와 경쾌함을 듬뿍 담아요.

옮긴이 **이계순**

서울대학교를 졸업한 뒤 인문 사회부터 과학에 이르기까지 폭넓은 분야에 관심을 두고 어린이와 청소년 책 전문 번역가로 활동하고 있어요. 번역한 책으로『한밤중 도시에서는』『세상의 모든 감사』『학교 토끼의 저주』『1분 1시간 1일 나와 승리 사이』『나는 용감한 리더입니다』『나비를 그리는 소녀』『그날이야』『아낌없이 주는 도서관』등이 있어요.

마음과 마음이 통하는 비법
우리 소통해요!

초판 인쇄 2023년 11월 28일 **초판 발행** 2023년 11월 28일
지은이 라드카 피로 **그린이** 샬럿 몰라스 **옮긴이** 이계순
펴낸이 남영하 **편집** 김가원 김주연 전예슬 **디자인** 박규리 **마케팅** 김영호 변수현
펴낸곳 ㈜씨드북 **주소** 03149 서울시 종로구 인사동7길 33 남도빌딩 3F **전화** 02) 739-1666 **팩스** 0303) 0947-4884
홈페이지 www.seedbook.co.kr **전자우편** seedbook009@naver.com **인스타그램** instagram.com/seedbook_publisher
ISBN 979-11-6051-590-9 (77700)

WHAT? A BOOK ABOUT COMMUNICATION AND UNDERSTANDING
© Designed by B4U Publishing, 2023
member of Albatros Media Group Author: Radka Piro Illustrator: Charlotte Molas
www.albatrosmedia.eu
All rights reserved.
Korean translation copyright © 2023 by Seedbook Co., Ltd
Korean translation rights arranged with ALBATROS MEDIA through EYA Co.,Ltd
이 책의 한국어판 저작권은 에릭양 에이전시를 통해 ALBATROS MEDIA와 독점 계약한 ㈜씨드북에 있습니다.
저작권법에 의하여 한국 내에서 보호를 받는 저작물이므로 무단 전재 및 복제를 금합니다.

 제조국명: 대한민국 | **사용연령:** 6세 이상
KC마크는 이 제품이 공통안전기준에 적합하였음을 의미합니다.
종이에 베이지 않게 주의하세요.

• 책값은 뒤표지에 있어요. • 잘못 만들어진 책은 구입하신 서점에서 바꾸어 드려요. • 씨드북은 독자들을 생각하며 책을 만들어요.

마음과 마음이 통하는 비법

우리 소통 해요!

라드카 피로 글 샬럿 몰라스 그림 이계순 옮김

씨드북

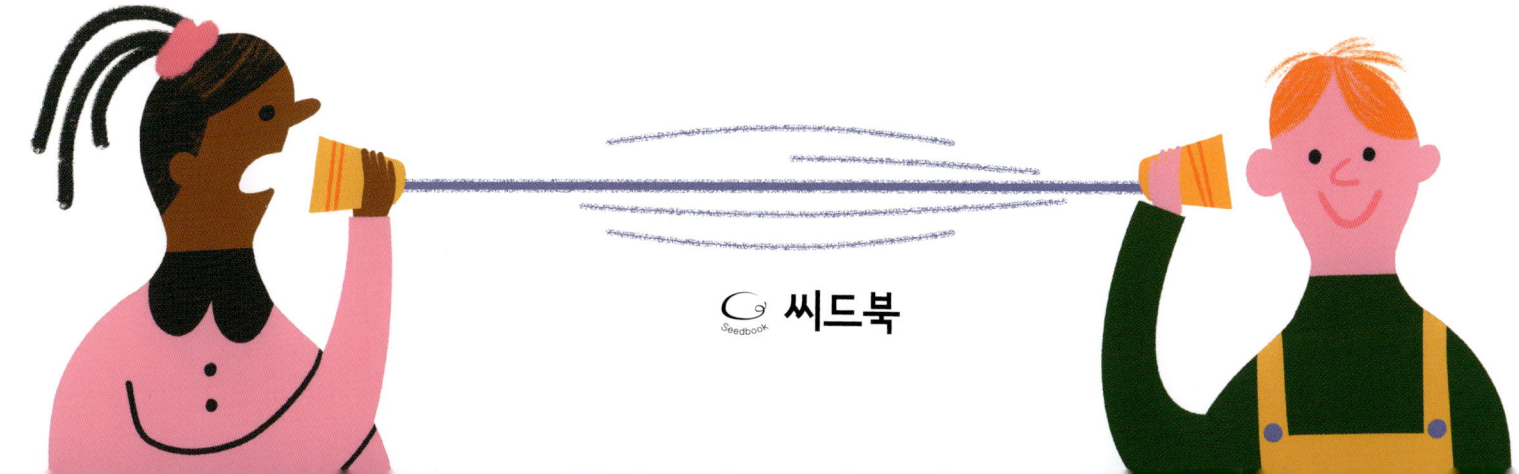

의사소통이란 무엇인가요?

사람들이 각자의 생각과 뜻을 함께 주고받는 거예요. 의사소통은 저절로 일어나는 일처럼 생각하기 쉬워요. 어떤 의미에서는 실제로 그렇기도 하고요. 하지만 서로를 이해하는 능력은 언제나 우리의 역량과 기술에 영향을 받아요. 그래서 우리에겐 의사소통 능력을 키우기 위해 노력하는 자세가 필요해요.
자, 그럼 하나씩 시작해 볼까요?

우리는 다른 사람들과 어떻게 소통할까요?

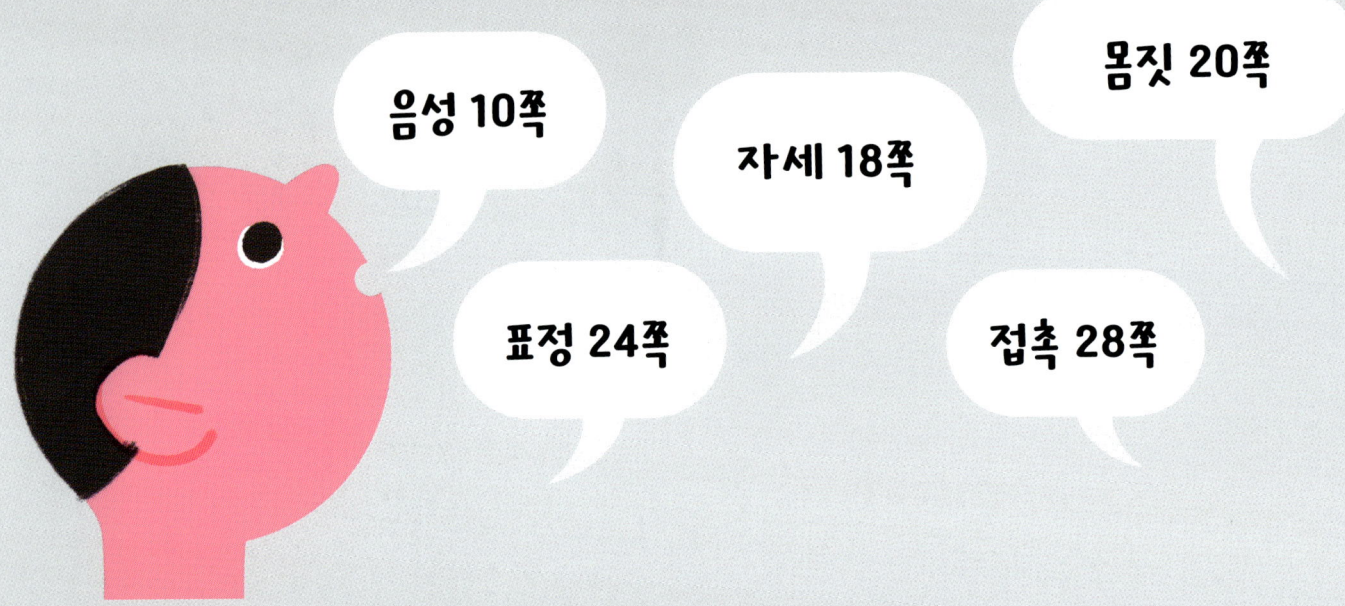

음성 10쪽
자세 18쪽
몸짓 20쪽
표정 24쪽
접촉 28쪽

인간은 다양한 방법을 통해서 멀리 떨어진 사람과 메시지를 주고받을 수 있어요. 미래 세대에게 정보를 넘겨줄 수도 있고요. 그 방법에는 무엇이 있을까요?

기호와 신호 32~33쪽
문자 34쪽

우리가 다른 사람들을 대할 때 고려해야 할 몇 가지 사항을 살펴봐요. 이 점들을 주의한다면 효과적인 의사소통을 할 뿐만 아니라 서로를 더 쉽게 이해할 수 있어요.

의사소통 안전 수칙 44쪽

바르게 표현하기 46쪽

의사소통을 위한 조언 48쪽

의사소통은 우리의 삶에서 떼려야 뗄 수 없는 관계예요. 부족하거나 명확하지 않은 의사소통은 재앙을 가져올 수 있지만, 효과적인 의사소통으로 희망을 전하고 많은 생명을 구하기도 해요. 그래서 우리는 의사소통의 실패와 성공 사례 몇 가지를 역사 속에서 살펴볼 거예요.

의사소통의 실패와 성공의 역사 50~51쪽

오늘날 사람들은 다양한 기술의 도움으로 의사소통을 하고 있어요.

매스컴 38쪽

전화기 40쪽

인터넷 42쪽

의사소통과 우리

어떻게 우리가 거기부터…　　　**…여기까지 왔을까요?**

그 이유 중 하나는 서로 대화하고 돕는 우리의 능력 덕분이에요. 물론 평화롭게 조용히 지내는 걸 선호하는 사람도 있지만, 우리는 의사소통을 무척 즐기는 생명체예요. 아마도 이런 점 때문에 인간의 지능이 갈수록 높아졌을 거예요.

> 우리의 소통 방식은 주변 사람들에게 영향을 미치고, 그들은 또 우리에게 영향을 줘요.

> 우리는 항상 다른 사람의 행동을 모방하지만, 대부분은 그 사실을 인식하지 못해요.

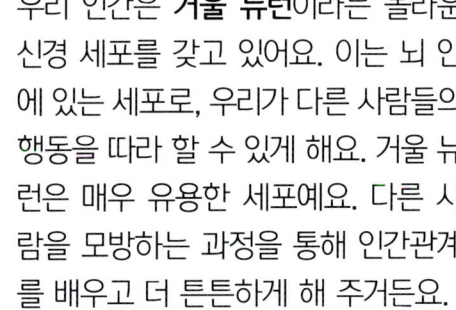

우리 인간은 **거울 뉴런**이라는 놀라운 신경 세포를 갖고 있어요. 이는 뇌 안에 있는 세포로, 우리가 다른 사람들의 행동을 따라 할 수 있게 해요. 거울 뉴런은 매우 유용한 세포예요. 다른 사람을 모방하는 과정을 통해 인간관계를 배우고 더 튼튼하게 해 주거든요.

의사소통 방법

우리 인간은 태어나는 순간부터, 심지어는 그 이전부터 의사소통을 할 수 있어요. 배 속에 있을 때는 주로 촉각으로 엄마와 소통을 하고, 태어난 이후에는 다른 사람들과 접촉을 통해 소통하기 시작해요.

의사소통 능력을 발달시킬 수 있는 가장 좋은 방법은 바로 놀이예요.

	 음성	 관계	 학습
 0세	소리를 내거나 울음을 터뜨려 불편함을 표현해요.	상대방과 눈을 마주 볼 수 있어요. 부모의 손길과 목소리는 아이의 마음을 달래요.	아직은 시력이 약하기 때문에 소리와 촉각에 더 민감하게 반응해요.
1세	단어들을 말하기 시작해요.	부모의 행동을 따라 하며 간단한 동작을 할 수 있어요.	자주 사용하는 물건의 이름을 말할 수 있어요.
2세	적은 단어로 짧은 문장을 말할 수 있어요.	행동이 다양해지며 사물을 가리킬 수 있어요. 다른 사람이 울고 있으면 바로 알아채요.	간단한 질문에 대답할 수 있고, 가까운 사람의 이름을 알아요.
3세 	더 길고 복잡한 문장도 만들 수 있고, 간단한 대화를 나눠요.	어른이나 친구를 따라 하며 다른 아이들과 함께 놀기 시작해요.	간단한 지시를 따르고 색깔을 알아볼 수 있어요.
5세	이야기를 들려주고 자기 생각과 의견을 말로 표현할 수 있어요.	서로 돕는 방법을 알고, 사랑하는 사람을 기쁘게 해 주고 싶어 해요.	글자와 숫자를 이해하기 시작해요. 자신의 이름과 나이도 쓸 수 있지요.

음성

목소리로 대화를 나눌 수 있는 건 인간뿐만이 아니에요. 동물들도 다양한 방법으로 의사소통할 수 있어요.

돌고래는 울거나 휘파람 소리로 의사소통하고요.

귀뚜라미는 울음소리로 의사소통해요.

새들은 노래로 의사소통하지요.

하지만 인간의 언어는 매우 독특해요.

음성이 만들어지는 방법

공기가 폐에서 밀려 나오면서부터 목소리가 만들어져요. 소리 자체는 성대에서 나오는데, 공기가 기관지를 통과하면서 목소리를 내는 모터 역할을 하게 되지요. 성대 주변의 근육이 수축하고 이완하면서 성대 사이의 구멍이 넓어지고 좁아져요. 이때 공기의 흐름과 맞물리면서 소리가 나는 거예요. 이제 이 소리를 가공하고 발전시켜 말로 바꿔 줘야 해요. 이것을 **발화**라고 해요. 입술이나 혀, 입천장을 거쳐 말이 나오는 거예요.

- 🟡 이곳에서 숨을 내쉬어요.
- 🟣 소리가 만들어지는 곳이에요.
- 🟰 각각의 소리가 또렷하게 발음되는 곳이에요.

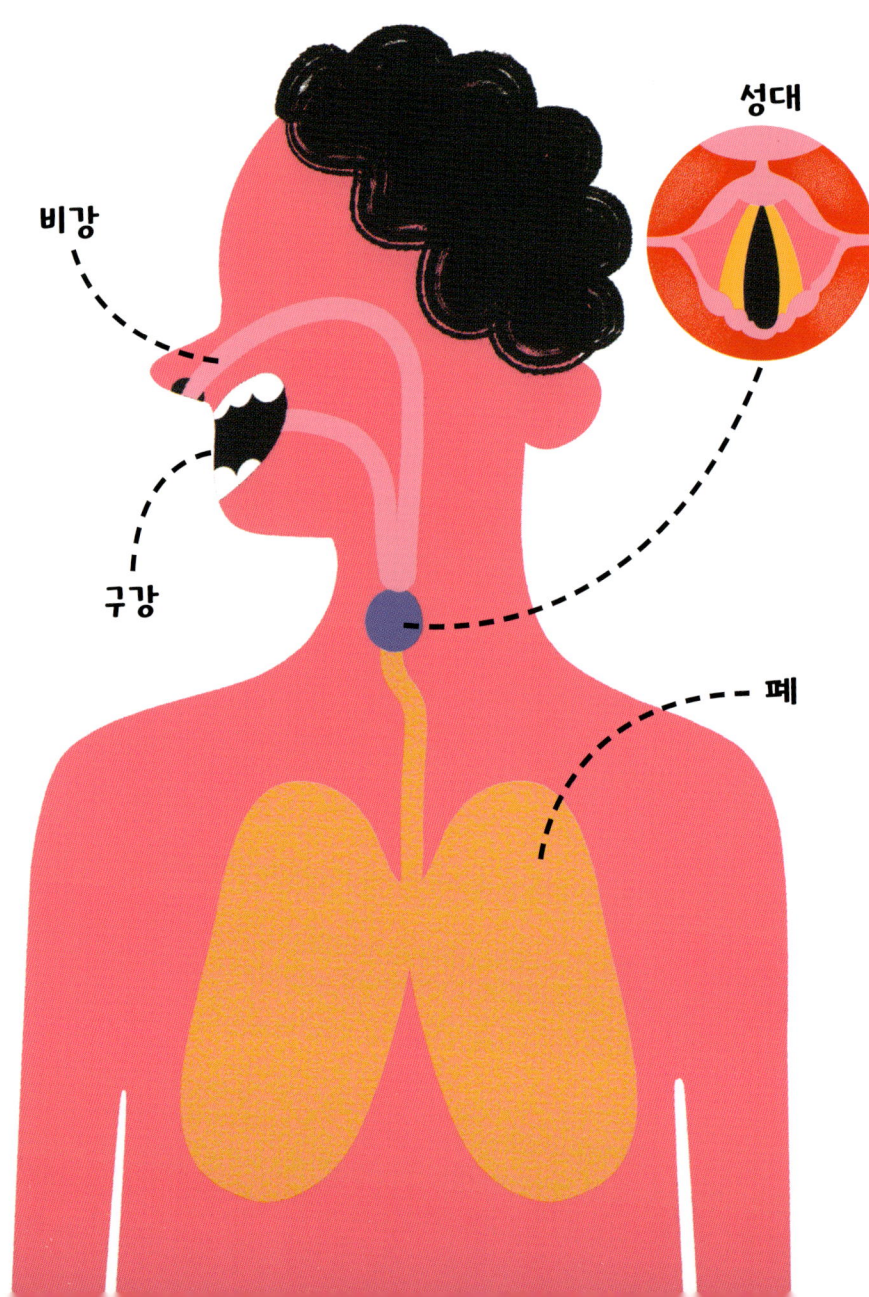

성대

비강

구강

폐

우리는 서로를 어떻게 이해할 수 있을까요?

의사소통을 하기 위해선 서로의 말을 이해할 수 있어야 해요. 우리의 뇌는 상대방의 말을 받아들일 준비가 되어 있어요. 단어가 나오는 즉시 뇌는 곧바로 첫 글자로 시작하는 여러 단어를 떠올려요. 상대방이 의도한 말이 완성될 동안, 뇌는 떠올린 단어들 중 상황에 맞지 않는 것들은 걸러 내요. 이 모든 과정이 순식간에 이루어져요!

우리는 목소리로 무엇을 할까요?

비명 지르기   **소리 만들기**   **이야기하기**   **노래하기**   **속삭이기**

새로운 단어는 어떻게 생기는 걸까요?

우리가 사용하는 언어는 끊임없이 바뀌고 있어요. 사람들은 언어를 사용하면서 계속 진화시켜요. 덜 쓰이는 단어들은 사라지고 새로운 단어들이 계속 나타나지요.

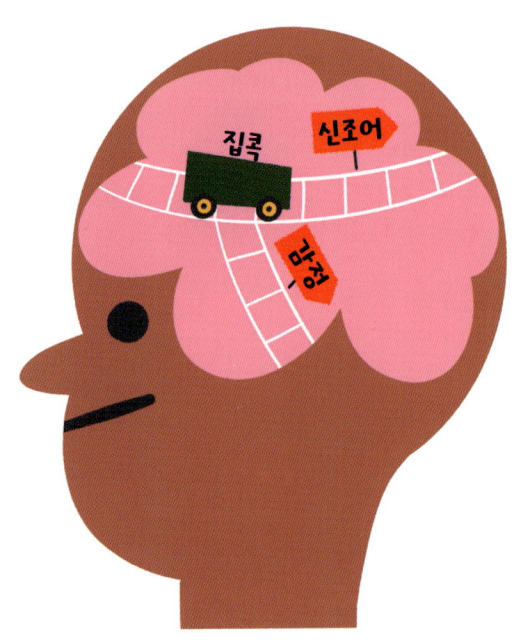

종종 다른 언어에서 말을 가져오기도 하고, ...

... 기존의 단어들을 합쳐 새로운 말을 만들어 내거나 ...

... 이미 존재하는 단어의 의미를 바꾸기도 해요.

외국어

세계에는 7천 개가 넘는 언어가 있어요. 새로운 언어를 배우면 그 언어를 사용하는 나라의 문화도 배우게 돼요. 그러면서 이 세상을 더 넓게 이해하게 되지요. 처음에는 언어가 지금보다 훨씬 적었어요. 하지만 사람들이 전 세계를 돌아다니며 새로운 곳에 뿌리내리면서 언어가 발달하기 시작했어요. 그리고 시간이 흐르며 언어가 무척 다양해졌어요.

우리의 목소리

음량은 우리가 얼마나 **크게** 말하는지, 또는 작게 말하는지를 나타내요.

분절은. 우리가. 각각의. 단어를. 만드는. 방식이에요.

억양이란 목소리가 내려가거나 올라가는 걸 말해요.

말하기 속도는 얼마나 빨리 말하는가를 의미해요.

유명한 사람들의 연설

말은 큰 힘이 있어요. 상대방을 기쁘게 할 수도 있지만, 반대로 상처를 줄 수도 있지요. 심지어는 사람들의 마음을 움직여 역사를 만들기도 해요. 말하기 기술을 '수사'라고 하는데, 우리가 기억하는 위인들은 수사를 사용해 많은 명언을 남겼어요.

> 나는 불의를 보았고, 모든 여자아이의 교육받을 권리를 위해 목소리를 높였어요.

말랄라 유사프자이
(1997)
인권 운동가이자 노벨 평화상 최연소 수상자

> 친구들이여, 죽음을 피하는 것보다 불의를 피하는 일이 더 힘들다네.

> 힌두교도와 시크교도, 이슬람교도 사이의 진정한 우정을 간절히 바랄 뿐입니다.

마하트마 간디
(1869-1948)
인도 독립운동 지도자

소크라테스
(기원전 470-399)
고대 그리스 철학자

> 저의 네 아이들이 언젠가는 피부색이 아닌 됨됨이로 평가받는 나라에서 살기를 꿈꿉니다.

그레타 툰베리
(2003)
스웨덴 환경 운동가

> 미래 세대의 모든 눈이 당신들을 지켜보고 있습니다.

마틴 루서 킹
(1929-1968)
미국 흑인 민권 운동 지도자

흘려들을까요…

대화는 상대방이 알아야 하는 걸 말해 주는 게 아니에요. 상대방의 말을 들어 주고 이해하는 것도 말하기만큼 중요하지요.

누군가의 말을 귀담아들을 때는 그 말에 온전히 주의를 기울여야 해요. 동시에 상대방이 어떤 행동을 하는지도 살펴야 하지요. 상대방의 말이나 행동을 섣불리 판단하지 말고 이해하려고 노력하는 게 좋아요.

…귀담아들을까요?

침묵

침묵은 굉장히 유용해요. 우리에게 얼마간의 시간을 주기도 하지만, 때로는 긴장감을 주기도 하지요. 침묵이 없다면 영화를 상영하거나 연극을 공연할 수 없을 거예요. 그런데 침묵에도 여러 종류가 있다는 사실을 알고 있나요?

말이 없어도 편안한 침묵

위로의 침묵

분노한 침묵

어색한 침묵

생각할 시간을 주는 침묵

말이 필요 없는 이야기

이제 우리는 침묵이 의사소통에서 중요한 역할을 한다는 걸 알게 되었어요. 그런데 어떻게 말하지 않고 정보를 전달할 수 있을까요?

사실, 의사소통에서 가장 중요한 부분은 말이 아니에요. 의사소통의 절반 이상이 언어가 아닌 것으로 이루어지거든요. 우리의 자세, 표정, 행동 등을 통해서도 생각이나 감정을 표현할 수 있어요.

우리는 언어가 없어도 **비언어적 의사소통**으로 서로를 이해할 수 있어요. 그리고 그 방법도 이미 다 알고 있지요. 자, 옆의 이야기를 보고 무슨 일이 벌어졌는지 설명해 보세요.

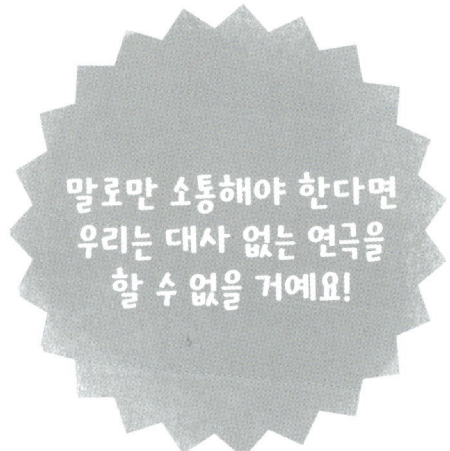

말로만 소통해야 한다면 우리는 대사 없는 연극을 할 수 없을 거예요!

자세

우리는 누군가가 서 있는 모습만 봐도 그 사람의 기분을 알 수 있어요. 멀리 떨어져 있어도요. 그 사람이 똑바로 서 있나요, 아니면 구부정하게 서 있나요? 팔짱을 끼고 있나요? 위를 보고 있나요, 아래를 보고 있나요? 우리의 자세는 다양한 감정을 전달할 수 있어요.

당신에게 관심이 있어요.

행복해.

기분이 나빠.

슬퍼.

화나.

긴장돼.

좋은 시간을 보내는 중이야.

눈에 띄고 싶지 않아.

다른 사람들과의 거리

서 있는 자세도 중요하지만, 상대방과 얼마나 떨어져 있느냐도 중요해요. 우리는 가끔 "좀 더 가까이 다가와도 돼"라고 말하는데, 이건 우연히 나오는 말이 아니에요. 우리는 낯선 사람보다 친한 사람과 더 가까이 있으려고 해요.

사람마다 다른 거리

우리는 모두 자신만의 **개인 영역**이 있어요. 개인 영역은 다른 사람이 우리에게 얼마나 가까이 다가와도 되는지를 결정해요.

개인 영역의 크기는 사람마다 차이가 있지만, 전혀 이상한 게 아니에요. 개인 영역은 아래처럼 나타낼 수 있어요.

누군가가 우리의 개인 영역에 함부로 들어와 불편하게 만든다면, 아래처럼 말해도 괜찮아요.

> 너무 가까이 있네요. 조금만 더 물러나 주시겠어요?

개인 영역 / 친밀한 사이 / 개인적인 사이 / 사회적인 사이 / 공적인 사이

가족 / 친구 / 선생님 / 가게 안 사람들

몸짓

우리는 몸짓을 비언어적 의사소통에도 사용하지만, 말할 때도 사용할 수 있어요. 왜 그럴까요? 몸짓이 중요한 이유는 무엇일까요?

상황에 담긴 정보를 보충하고 그 의미를 강조해요.

언어 장벽이 있을 때 소통을 도와줘요.

"고마워요." (미국 수어)

새로운 것을 배울 때 도움이 돼요.

음성 언어와 마찬가지로, 수어도 여러 가지예요. 나라마다 사용하는 수어가 달라요.

손을 보여 줘요

우리 손은 왜 그렇게 중요할까요? 뇌와 연결된 신경이 우리 몸의 다른 어떤 부위보다 손에 많기 때문이에요. 예로부터 다른 사람의 손을 보는 건 중요했어요. 손에 무기를 들고 있지는 않은지 확인해야 했거든요. 그래서 오늘날에도 누군가가 손을 등 뒤로 숨기고 있으면 몹시 불안해지면서 가린 손으로 무엇을 하려는지 궁금해지지요.

잘 알려진 몸짓

우리는 각각의 몸짓에 늘 주의를 기울여야 해요. 특정 몸짓은 나라나 집단에 따라 다른 의미를 지닐 수 있거든요. 어떤 사회에서는 문제가 없는 몸짓이라도 다른 곳에서는 불쾌감을 줄 수 있어요.

엄지 올리기
"좋아."

엄지 내리기
"싫어."

입술에
손가락 대기
"조용히!"

손 흔들기
"안녕!"

상대방을 향해
손바닥
들어 올리기
"멈춰!"

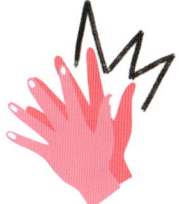
박수 치기
"잘했어!"

검지와 엄지로
원 만들기
"좋아, 잘했어!"

검지를
자신 쪽으로
구부리기
"이리 와!"

얼른 수면으로 올라가요!

같은 몸짓이라도 특수한 환경에서는 다른 의미로 쓰일 수 있어요!

저도 좋아요. 여기 아래에 있으니 참 즐겁네요.

주의할 점

우리 몸은 매우 영리해요. 그래서 의식적으로 애쓰지 않아도 비언어적 의사소통을 능숙하게 해낼 수 있지요. 하지만 간혹 오해를 살 수 있는 몇 가지 사항을 미리 알아 두면 좋아요.

말하고 있는 내용과 몸짓 언어가 서로 맞지 않으면 보는 사람이 혼란스러워 해요!

표정

우리 얼굴은 아주 다재다능해요. 울거나 웃기, 찡그리거나 찌푸리기 등 다양한 표정을 지을 수 있지요. 우리는 여러 표정을 통해 감정을 드러낼 수 있어요. 그중 몇 가지 감정은 아래의 표정으로 보여요.

이 점에서 우리 인간은 특별해요. 우리만큼 다양한 표정을 지을 수 있는 동물은 없거든요.

이 여섯 가지 감정은 누구나 느낄 수 있어요.
다른 문화를 가진 사람이라도 상대방의 표정을 보고 기분을 짐작할 수 있다는 뜻이지요.

얼굴 근육

얼굴을 움직이고 다양한 표정을 지을 수 있도록 하는 건 무엇일까요? 그건 바로 얼굴에 있는 근육이에요. 얼굴 근육은 표정을 순식간에 바꿀 수 있어요.

얼굴 근육이 하는 일

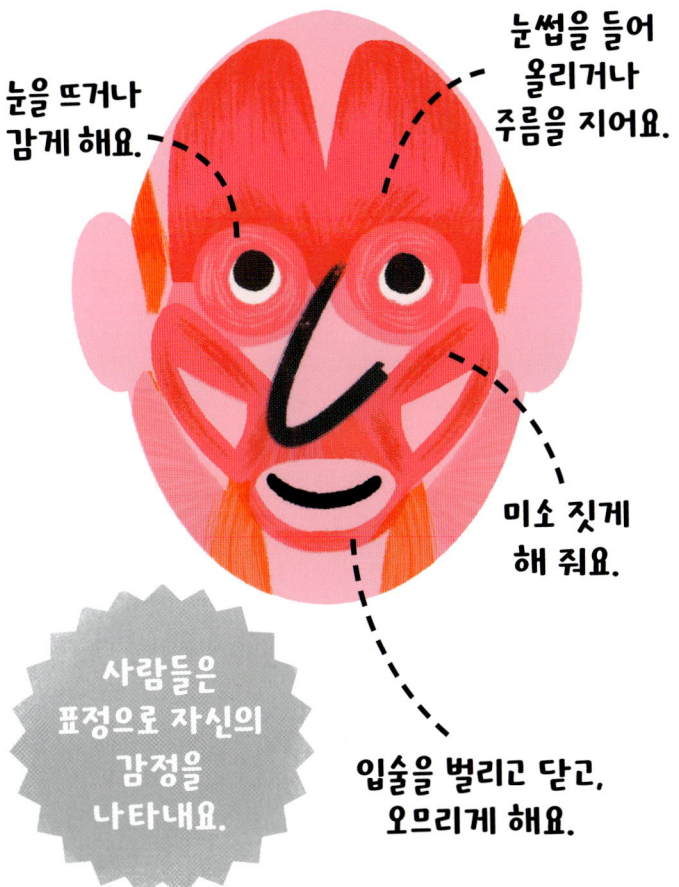

- 눈을 뜨거나 감게 해요.
- 눈썹을 들어 올리거나 주름을 지어요.
- 미소 짓게 해 줘요.
- 입술을 벌리고 닫고, 오므리게 해요.

사람들은 표정으로 자신의 감정을 나타내요.

자주 사용하는 표정들

- 눈알 굴리기
- 윙크하기
- 뽀뽀 보내기
- 한쪽 눈썹 올리기
- 혀 내밀기

얼굴 근육은 우리가 이 모든 표정을 지을 수 있게 해요.

내 눈을 바라봐요

의사소통할 때는 눈을 꼭 마주 봐야 해요. 상대방에게 관심이 있다는 걸 보여 줄 뿐만 아니라 그 사람의 몸짓 언어도 읽을 수 있거든요. 그리고 우리는 눈을 바라보는 사람을 좀 더 쉽게 믿을 수 있어요. 하지만 너무 뚫어지게 쳐다보면 상대방이 불편할 수 있으니 주의해야 해요.

울음

보통 울음은 좋지 않은 행동이라고 생각하기 쉽지만, 사실은 웃음만큼이나 아주 유용하게 쓰일 수 있어요.

예를 들어, 울면서 흘리는 눈물은 눈이 찔렸을 때 나오는 눈물과 달라요. 감정이 들어간 눈물은 우리가 겪는 강한 느낌이나 기분을 진정시키는 데 도움을 줘요.

울음은 의사소통에서 중요한 역할을 해요. 평소와 다른 일이 일어나고 있다는 걸 다른 사람에게 알려 주거든요.

어떤 때는 제대로 울고 나면 속이 시원해요.

웃음

웃음도 전염된다는 사실을 알고 있나요? 친구가 웃기 시작하면, 여러분은 잠깐이라도 웃음을 참기 힘들 거예요.

우리의 웃음소리는 인간의 언어보다는 동물이 내는 소리에 더 가까워요. 천천히 진화하며 복잡해진 인간의 언어에 비해, 동물의 소리는 더 단순하지요.

웃음은 관계를 돈독하게 해 주고 건강함과 좋은 기분을 느끼게 해요.

우리는 전부 다르게 웃지만, 웃는 방법은 똑같아요. 몸 안의 공기를 밀어내면서 짧은 소리를 반복적으로 내는 거예요.

접촉

접촉은 인간이 살아가기 위해 꼭 필요한 거예요. 접촉하지 않으면 우리는 육체적으로나 정신적으로 고통을 겪어요. 반대로 자주 만지며 껴안고, 쓰다듬으면 우리는 더없는 행복을 느껴요. 인간의 몸은 접촉을 좋아해요!

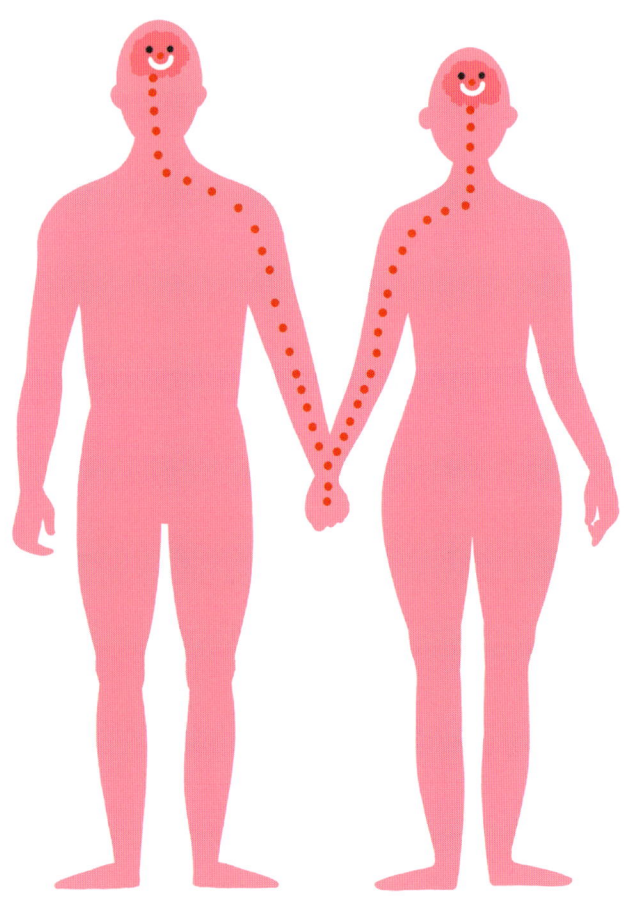

우리가 누군가를 만지면, 그 접촉에 대한 정보는 바로 뇌로 이동해요. 즐겁고 상쾌한 접촉이었다면, 뇌는 한껏 들떠서 우리의 기분을 좋게 만드는 **옥시토신**이라는 물질을 내보내기 시작해요.

접촉을 느끼는 우리의 감각 기관은 피부예요. 피부는 우리 몸에서 가장 큰 기관이기도 하지요. 접촉에 매우 민감한 부위는 다음과 같아요.

손바닥 입술

귀 발

접촉은 우리에게 좋은 느낌을 주기도 하지만, 반대로 기분을 나쁘게 만들 수도 있어요. 어떤 사람에게는 기분 좋은 접촉이어도 다른 사람에게는 불쾌감을 줄 수 있거든요.

다른 사람을 상처 입히는 접촉은 절대 안 돼요!

접촉하는 방법

뽀뽀하기
"사랑해!"

포옹
"만나서 기뻐!"

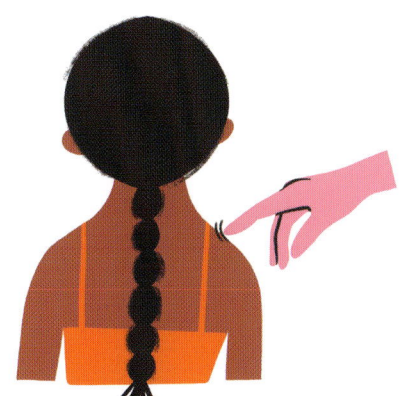
누군가의 어깨 두드리기
"여기 좀 봐 줄래요?"

박수 치기
"정말 멋져요!"

악수하기
"만나서 반가워요."

등 토닥이기
"잘했어요!"

어깨에 한쪽 팔 두르기
"네 곁에 내가 있어."

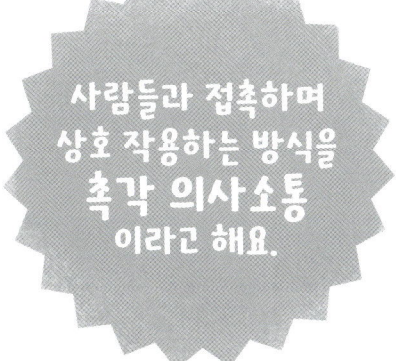
사람들과 접촉하며 상호 작용하는 방식을 **촉각 의사소통**이라고 해요.

촉각으로 책 읽기

어떤 사람들에게는 촉각이 의사소통하는 방식이기도 해요. 예를 들어 시각 장애인은 **점자**로 된 책을 읽어요. 점자란 종이 위로 볼록 튀어나온 점들이 일정한 방식으로 모여 있는 문자를 말해요. 그래서 손가락의 감각으로 각각의 문자를 읽을 수 있지요.

의사소통의 필요성

이제는 우리가 다양한 방식으로 주변 사람들과 의사소통하고 있다는 사실을 알게 되었어요. 그런데 다른 사람과 어떤 소통도 하지 못한 채 완전히 고립된다는 게 어떤 기분인지 상상해 본 적 있나요? 이건 헬렌 켈러라는 여자아이가 겪었던 이야기예요.

1870년, 미국 앨라배마에서 헬렌이라는 건강한 여자아이가 태어났어요.

생후 19개월이 되었을 때 헬렌은 감염병에 걸렸어요. 병을 앓으면서 시력과 청력을 잃었지요.

헬렌은 소리를 듣지 못하고, 스스로 말할 수도 없었어요. 모든 사람과 단절되었고, 접촉 외에는 의사소통할 방법이 없었지요. 헬렌의 세상은 어둠과 침묵뿐이었어요.

헬렌은 다른 사람들이 자신이 이해하지 못하는 방식으로 소통한다는 걸 알게 되면서, 버릇없는 아이가 되었어요. 툭하면 화를 내고 일부러 사람들에게 신경질을 냈어요.

깊은 공감과 강한 인내심으로 앤은 헬렌에게 모든 사물에는 이름이 있다고 알려 줬어요. 그러면서 헬렌의 손바닥에 글을 쓰며 알파벳을 가르쳤어요.

헬렌은 점자를 읽는 법과 말하는 법을 배웠어요. 그리고 다른 사람의 얼굴에 손을 댄 뒤, 상대방의 입이 어떻게 움직이는지 파악하며 말을 이해했어요.

앤의 도움을 받아 헬렌은 대학을 졸업한 최초의 시각·청각 장애인이 되었어요. 헬렌은 외국어를 배우고 문학, 역사, 수학을 공부했지요.

어느 날, 앤 설리번이라는 젊은 교사가 헬렌의 가족을 찾아왔어요. 헬렌은 훗날 이 만남을 자신의 인생에서 가장 중요한 일로 기억했어요.

헬렌은 책과 잡지에 글을 쓰고 강연을 했어요. 주로 시각 장애인에 대한 금기를 깨거나 인종차별에 맞서고, 성평등을 위해 싸우는 내용이었지요.

앤은 헬렌이 사망할 때까지 함께 지냈어요. 헬렌이 주변 세상을 이해할 수 있도록 평생 도왔어요.

기호

우리 조상들은 문자를 만들기 전부터 간단한 기호를 사용하여 다양한 정보를 주고받았어요. 심지어는 선사시대의 동굴 벽화에도 의사소통을 위해 사용된 기호들이 있다고 추측한답니다.

오늘날에도 우리는 다양한 그림과 표지판으로 의사소통해요. 우리가 실제로 이해하는 것들을 상징으로 표현하는 거지요. 상상하기 어렵다고요? 그렇다면 아래의 기호를 보고 어디까지 이해할 수 있는지 확인해 보세요.

방향 안내 화살표

위험 경고

재생
일시 정지
정지

교통 표지판

깃발

특정 집단의 사람만 알 수 있는 기호와 신호도 있어요. 비밀 내용을 다룰 때 매우 유용하지요.

신호

기호는 특정한 의미를 담고 있지만 복잡한 내용을 전달하긴 힘들어요. 그래서 사람들은 다양한 신호를 사용하는데, 주로 소리나 빛으로 신호를 보내지요.

점과 선

모스 부호는 신호 전달에 아주 적합해요. 모든 문자가 점과 선으로 이루어져 있지요. 그래서 원하는 내용을 마음껏 보낼 수 있어요.

한글 모스 부호				국제 모스 부호			
ㄱ	·-··	ㅎ	·---	A	·-	N	-·
ㄴ	··-·	ㅏ	·	B	-···	O	---
ㄷ	-···	ㅑ	··	C	-·-·	P	·--·
ㄹ	···-	ㅓ	-	D	-··	Q	--·-
ㅁ	--	ㅕ	···	E	·	R	·-·
ㅂ	·--	ㅗ	·-	F	··-·	S	···
ㅅ	--·	ㅛ	-·	G	--·	T	-
ㅇ	-·-	ㅜ	····	H	····	U	··-
ㅈ	·--·	ㅠ	·--	I	··	V	···-
ㅊ	-·-·	ㅡ	-··	J	·---	W	·--
ㅋ	-··	ㅣ	·	K	-·-	X	-··-
ㅌ	--··	ㅐ	--·	L	·-··	Y	-·--
ㅍ	---	ㅔ	-·--	M	--	Z	--··

SOS 신호

특히, 일반적으로 사용되는 SOS 구조 신호가 바로 모스 부호로 만들어진 거예요. 생명이 위급한 상황이 생기면 이 신호를 사용해서 도움을 요청할 수 있어요. 그러니 SOS 신호는 꼭 알아 두도록 해요.

한글 모스 부호로 해석해 보세요!

새뮤얼 모스
모스 부호를 최초로 발명한 사람이에요.

문자

최초의 문자는 간단한 기호와 그림으로 이루어져 있었어요. 처음에는 주로 돈에 대한 기록과 무역을 위해 사용되었는데, 이 기호들이 점차 단순해지면서 마침내 오늘날 우리가 사용하는 문자로 발전하게 된 거예요.

사실만 기록해야 했어요!

글의 진화

지금까지 보존된 최초의 문자는 고대 메소포타미아의 **쐐기문자**예요. 갈대를 점토판에 누르거나 새겨서 글을 썼지요.

뒤이어 등장한 이집트의 **상형문자**는 처음에 돌에 새겼어요. 그다음에는 풀 줄기로 만든 종이 파피루스에 적었어요.

중세 시대에는 주로 교회에서 글을 퍼뜨렸어요. 그러면서 사람들에게 교육도 해 주었지요. 대부분은 얇은 나무판이나 동물 가죽으로 만든 양피지에 깃대로 글을 썼어요.

문자는 세계 여러 곳에서 동시에 독립적으로 발전했고, 매우 유용한 기술이었어요. 문자 덕분에 우리는 정보를 오랫동안 보관하거나 먼 곳까지 전해 줄 수 있었지요.

여러 문자들 중 가장 널리 사용되는 건 라틴 문자예요. 로마 문자라고도 하지요. 언어가 다양하듯이, 문자도 다양해요. 예를 들어, 라틴 문자 외에도 키릴 문자와 아랍 문자 등이 있지요.

1448년, 요하네스 구텐베르크가 **인쇄기**를 발명했어요. 덕분에 글을 한꺼번에 인쇄하여 같은 책을 많이 만들 수 있게 되었어요.

인쇄술은 정보와 지식을 퍼뜨리는 데 큰 역할을 했어요.

19세기 후반에는 **타자기**가 발명되었어요. 타자기를 사용하면 펜으로 쓰는 것보다 글을 더 빨리 완성할 수 있었고 읽기도 더 쉬웠어요.

오늘날에는 컴퓨터, 휴대 전화, 태블릿 등 다양한 기기로도 많은 글을 쓸 수 있지요.

35

통신문의 과거와 현재

전달자

게시판

편지

책

병에 담긴 쪽지

직접 전하기

매스컴

20세기에는 대중에게 정보를 전달할 수 있는 통신 기술이 빠르게 발전했어요. 처음에는 라디오와 신문, 그 다음에는 텔레비전 방송, 그리고 마침내 인터넷이 등장했어요. 이러한 대중 매체를 사용해 많은 사람들에게 정보를 전달하는 방법을 매스컴이라고 해요.

1912
'가라앉지 않는' 배 타이태닉호가 침몰했어요. (50쪽)

1913
'리처드 플라츠'란 사람이 쪽지를 병에 담아 바다에 던졌어요. 플라츠는 병을 찾은 사람에게 그 쪽지를 다시 자신의 주소로 보내 달라는 메시지를 남겼어요.

1908
SOS가 국제적으로 인정받는 신호가 되었어요. (33쪽)

1904
헬렌 켈러가 대학을 졸업했어요. (31쪽)

1982
이모티콘이 최초로 사용되었어요. :-)

1906
라디오 방송이 최초로 시작되었어요.

1991
월드 와이드 웹(WWW)이 처음으로 공개되었어요. (42쪽)

2004
페이스북 서비스 시작

1992
거울 뉴런 발견 (8쪽)

문자 메시지가 최초로 전송되었어요.

1997
인권 운동가인 말랄라 유사프자이가 태어났어요. (13쪽)

1998
구글 등장

1928
공영 텔레비전 방송이 처음으로 나왔어요.

1936
BBC에서 세계 최초로 정규 공영 텔레비전 서비스를 시작했어요. 첫 방송에서는 신기술을 축하하는 '텔레비전'이라는 노래를 방영했어요.

1939-1945
제2차 세계대전

1954
컬러 텔레비전이 생산되기 시작했어요.

1914-1918
제1차 세계대전

1969
인류가 최초로 달에 착륙했어요.
(51쪽)

1963
마틴 루서 킹이 "…꿈꿉니다"라는 유명한 연설을 했어요.
(13쪽)

인터넷의 조상인 '아르파넷(ARPANET)'이 만들어졌어요.

1971
이메일이 최초로 전송되었어요.

2005
유튜브 서비스 시작

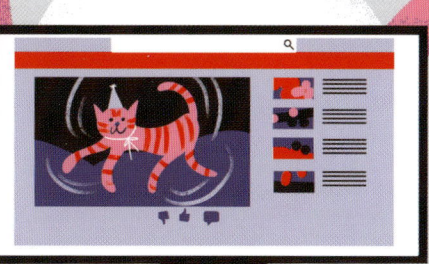

2014
리처드 플라츠의 병에 담긴 쪽지가 발견되어 손녀에게 전달되었어요.

2016
틱톡 서비스 시작

전화기

전화기 덕분에 우리 삶은 훨씬 편해졌어요. 우리가 어디에 있든 전화기만 있으면 친구와 통화를 하거나 메시지를 주고받을 수 있지요. 전화기로 사진과 동영상을 보거나 찍을 수도 있고, 게임과 쇼핑을 할 수도 있어요.

우리는 대부분 미국인 알렉산더 그레이엄 벨이 전화기를 발명했다고 알고 있어요. 하지만 전화기를 발명한 사람은 벨이 아니라 이탈리아인 안토니오 메우치라고 주장하는 사람도 있어요.

알렉산더 그레이엄 벨
전화기를 발명하다

안토니오 메우치

친구에게 전화를 걸면 어떤 일이 벌어질까요?

1. 여러분의 목소리가 휴대 전화에서 간단한 코드로 바뀌어요. 휴대 전화는 이 신호를 눈에 보이지 않는 전자기파의 형태로 내보내지요.

2. 하지만 전자기파는 먼 거리를 이동할 수 없어서 기지국의 도움을 받아야 해요. 기지국이 여러분의 전자기파 신호를 받으면, 지하의 광섬유를 통해 친구와 가장 가까운 기지국으로 보내요.

3. 신호를 전달받은 기지국은 다시 전자기파로 바꿔 친구에게 보내고, 휴대 전화는 곧바로 다시 음성으로 바꿔요.

전화기의 발전

오늘날의 스마트폰은 알렉산더 벨이 전화기를 발명한 이후에도 수많은 발전을 거쳐 탄생했어요.

20세기로 넘어가며…
'촛대형' 전화기

1930년대
숫자 회전 장치가 달린 탁상용 전화기

1960년대
번호를 누르는 탁상용 전화기

1970년대
벽걸이 전화기

1983
최초의 휴대 전화기

1980년대
탁상용 무선 전화기

1997
최초의 컬러 화면 휴대 전화기에는 색깔이 네 개밖에 없었어요.

1990년대
휴대 전화기가 발명된 지 얼마 지나지 않아, 화면이 달린 새로운 상품이 등장했어요.

21세기로 넘어가며…
휴대 전화기가 주머니에 쏙 들어갈 정도로 작아졌어요.

폴더형 휴대 전화기가 크게 유행했어요.

2007
최초의 아이폰 디자인은 이후 모든 스마트폰의 모델이 되었어요.

인터넷

우리는 매일 인터넷을 하지만, 인터넷에 대해 별 생각이 없어요. 인터넷 덕분에 우리는 다양한 일을 할 수 있지요. 지구 반대편에 있는 친구와 영상 통화를 하거나 게임을 할 수 있고, 사진이나 이메일을 보낼 수도 있어요.

인터넷은 무엇일까요?

컴퓨터끼리 정보를 주고받을 수 있도록 연결해 주는 건 네트워크예요. 수많은 컴퓨터를 연결하는 거대한 네트워크를 상상해 보세요. 우리가 보거나 보내는 모든 정보가 이 네트워크를 통해 이동해요. 이 통신망을 인터넷이라고 불러요.

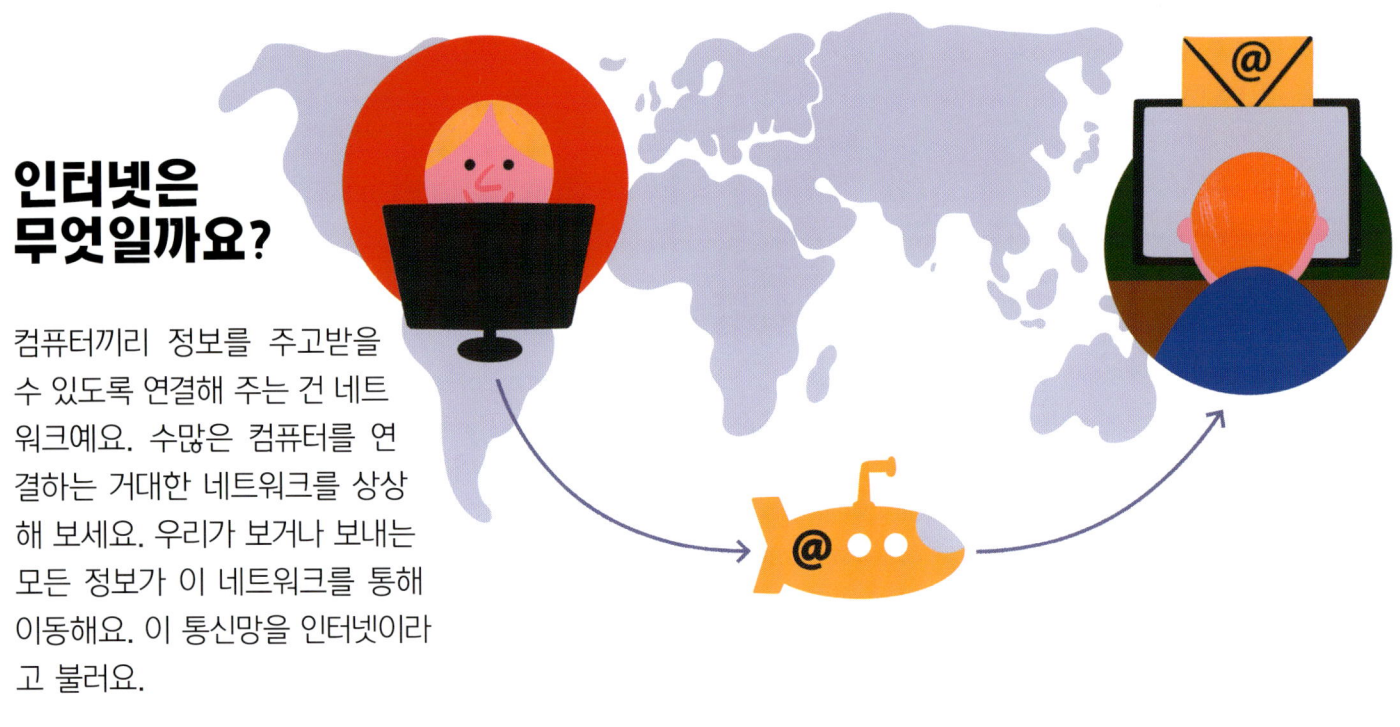

웹이 인터넷인가요?

놀랍게 들릴지 모르겠지만, 웹과 인터넷은 같은 게 아니에요. 월드 와이드 웹(WWW)을 줄여서 '웹'이라고 해요. 웹은 브라우저라는 검색 프로그램을 사용해서 다양한 정보를 가진 웹 사이트들을 연결해요. 자, 이렇게 한번 상상해 보세요. 인터넷은 서로 다른 도시들을 연결하는 도로와 같아요. 반면에 웹 사이트는 도로 위에 있는 건물 같은 거지요.

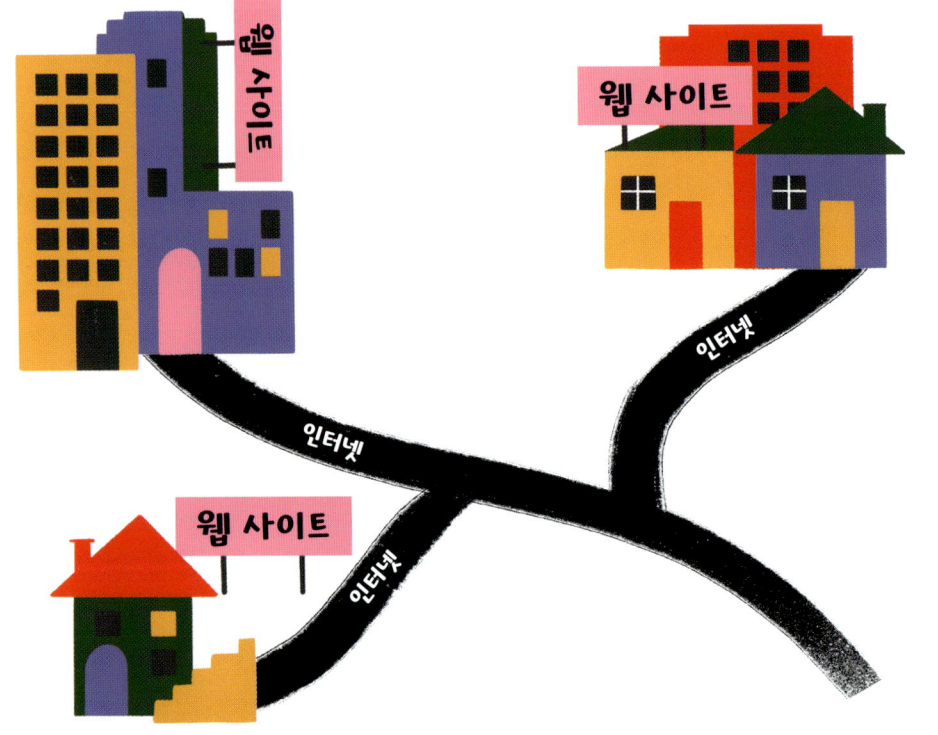

네티켓

온라인 세계에서 필요한 올바른 행동 규칙에 대해 함께 알아봐요.

정확하고 확실한 정보만 공유해요.

인터넷에는 거짓과 오해의 소지가 있는 정보들이 많이 떠돌아요. 그래서 정보를 공유하기 전에는 항상 사실을 먼저 확인해야 해요. 거짓이나 잘못된 정보를 퍼뜨리는 건 아닌지 말이에요.

다른 사람의 사생활을 존중해요.

개인 정보를 다른 사람들과 공유하길 꺼리는 사람도 있다는 걸 잊지 마세요. 예를 들어 모두가 볼 수 있는 사진에 자신의 이름이 달리는 걸 원치 않는 사람도 있을 수 있어요.

예의를 갖춰 명확하고 정중히 표현해요.

언제나 메시지를 처음부터 끝까지 다시 한번 읽은 뒤 보내요. 그래야 쓸데없는 오해나 실수를 피할 수 있어요. 또, 친한 사람끼리 주고받는 특정한 소통 방식이 다른 사람들에겐 맞지 않을 수 있어요.

상대방 앞에서 할 수 없는 말이라면, 인터넷에서도 하지 마세요.

나쁜 뜻은 없을지라도, 화면 맞은편에 앉아 있는 사람이 여러분의 말에 상처받을 수 있다는 사실을 항상 명심해야 해요.

트롤을 조심해요!

인터넷에는 가짜 계정에 숨어 있는 사람들도 있어요. 그들의 목적은 거짓 정보를 퍼트리고 다른 사람들을 공격해 미움을 심는 거예요. 그래서 이런 사람들을 가리켜 무자비한 괴물 '트롤'이라고 불러요. 일부 사람들은 온라인 세계에서 트롤에 맞서 싸우기 시작했어요. 이렇게 대항하는 사람들을 '엘프'라고 하지요.

의사소통 안전 수칙

가끔은 다른 사람들과 의사소통이 힘들 때가 있어요. 그러다 보면 좋지 않은 일도 일어날 수 있지요. 불편한 상황을 예방할 수 있는 몇 가지 행동에 대해 알아봐요.

나는 같이 놀고 싶었는데, 넌 그런 것 같지 않아서 속상해.

내 속마음을 잘 알고, 무엇이 문제인지 말할 수 있어요.

할머니, 이제 그만 하세요.

상황이 마음에 들지 않을 때, "싫어, 그만해!"라고 말할 수 있어요.

가끔 혼자 있고 싶다면, 내가 원할 때 조용한 시간을 보낼 수 있어요.

…그리고 열쇠는 여기에 보관해요!

다른 사람에게 내 모든 걸 말해 줄 필요는 없어요. 가끔은 혼자만 알고 있는 게 더 나을 때가 있어요.

지금 새로 나온 최고급 아이스크림을 팔고 있다는데, 알고 있니?

최고급 아이스크림이 새로 나왔다는 거짓된 소문이 퍼지고 있다!

최고급 아이스크림 하나 주세요!

사람들이 내게 무언가를 얘기할 때, 비판적으로 생각해 보세요. 이 정보가 어디에서 왔고, 어디까지가 사실인지 어떻게 알 수 있을까요? 부모님이나 선생님처럼 내가 신뢰하는 사람들은 이것에 대해 뭐라고 말할까요?

온라인 안전 수칙

요즘은 거의 모든 사람이 온라인으로 무언가를 해요. 온라인 의사소통에서 자신을 안전하게 지키려면 몇 가지 규칙을 알아두는 게 좋아요.

물론 이 규칙들이 모든 문제를 해결해 주지는 못하겠지만, 부모님과 이야기하면서 여러분이 해야 할 일이나 피해야 할 일에 대해 함께 고민해 보는 게 가장 중요해요.

인터넷에선 어떤 것도 잊히지 않는다는 사실을 기억해요! 여러분이 공유하는 모든 내용은 그 이후로 온라인에 계속 남아 있어요. 게다가 여러분이 올린 어떤 내용도 개인적일 수 없어요. 비밀 대화에서 나온 내용이라 해도 많은 사람이 볼 수 있어요.

- 개인 정보나 공개하고 싶지 않은 내용은 공유하지 마세요.
- 온라인에서만 아는 사람은 절대 만나지 마세요.
- 비밀번호를 꼭 사용하고, 아무에게도 알려 주지 마세요. 
- 여러분의 모든 일정을 온라인에 올리지 마세요.
- 온라인에서 뭔가 안 좋은 일이 생겼을 때, 절대 두려워하지 말고 부모님이나 사랑하는 사람에게 도움을 요청하세요.
- 온라인 의사소통의 위험성에 대해 항상 배우려고 노력하세요.

바르게 표현하기

기쁨이나 분노, 실망과 같은 **감정**은 우리의 일부분이에요. 오직 각자만 가질 수 있는 거지요. 같은 상황에 놓인 두 사람이라도 서로 완전히 다른 감정을 느낄 수 있어요. 어떤 감정을 느끼든 절대 잘못된 일이 아니에요. 중요한 건 감정을 어떻게 표현하느냐지요.

우리의 행동은 우리가 실제로 어떻게 느끼는지를 나타내곤 해요. 때때로 감정은 의사소통을 방해할 수도 있지만, 감정을 느끼는 건 지극히 정상적이고 자연스러운 거예요. 감정을 살피며 관리하는 방법을 안다면, 의사소통이 훨씬 쉬워질 거예요.

좋은 예

안 좋은 예

우리의 감정에 이름을 붙일 수 있다면, 우리가 겪는 느낌을 다른 사람에게 잘 설명할 수 있을 거예요. 동시에 **공감 능력**도 키울 수 있지요. 다시 말해, 스스로의 감정뿐만 아니라 다른 사람들의 감정도 잘 이해할 수 있게 된다는 뜻이에요.

질문에 대답해 보세요.
"지금 내 기분은 어떻지?"

여러분은 아마…

단호함	즐거움
놀람	기쁨	사나움	만족
느긋함	호기심	심술	분노
행복	외로움	슬픔	난처함	실망
열정	불안	편안함	당황스러움	따분함

갈등

어떤 사람과는 자연스럽게 잘 지내지만, 어떤 사람과는 의사소통이 어려워 어떤 것도 동의하기 어려울 때가 있어요. 몹시 불쾌할 수 있지만 이는 지극히 정상이에요.

갈등이란 무엇인가요?
가끔은 다른 사람과 의견이 충돌할 수 있어요. 서로 다른 것을 원하기 때문이지요.

첫 번째 단계
심호흡을 하고 자신의 감정을 살펴보세요.

문제 해결하기
- 여러분의 기분을 말해요. 그런 다음 상대방의 기분도 어떤지 물어보세요.
- 상대방을 판단하지 말고 이해하려고 노력하세요.
- 해결책을 찾기 위해 함께 노력하세요.

명심해야 할 사항
- 갈등은 정상적이며 언제나 일어나요. 중요한 건, 갈등을 어떻게 대처하느냐에 달렸어요.
- 양쪽 모두를 만족시키는 해결책이 없을 수도 있어요.
- 모든 오해를 풀 수는 없어요.

유용한 갈등
갈등을 기회로 삼아 다른 사람과의 의견 차이를 극복하고, 둘 사이의 관계를 더 좋게 만들 수 있어요.

의사소통을 위한 조언

우리는 모두 자신만의 독특한 성격을 갖고 있어요. 어떤 사람은 누구를 만나든 쉽게 말을 거는 반면, 어떤 사람은 혼자 있는 걸 더 좋아하지요. 이때 함께 알아 두면 좋은 방법들이 있어요. 이 점들을 기억한다면 다른 사람들과 훨씬 더 잘 지낼 수 있을 거예요. 자, 아래를 보세요!

자신의 말이나 행동에 책임을 져요.

죄송해요, 제가 꽃병을 깨트렸어요.

타협하도록 노력해요.

아니, 괜찮아. 지금은 책을 읽고 싶어.

솔직하게 말해요.

옆에서 지지하며 공감해요.

위의 사항 중 어떤 것들은 자연스럽게 되겠지만, 마음처럼 안 되는 일들도 있을 거예요. 그래도 두려워하지 말고 계속 시도해 보세요. 실수할까 봐 걱정하지 마세요. 의사소통과 더불어 우리는 실수를 통해 가장 많이 배워요.

의사소통의 실패

읽지 않은 쪽지

트렌턴 전투는 미국 독립 전쟁 중 미국군과 요한 랄 대령이 지휘하는 독일군이 서로 맞서 싸운 전투예요. 랄 대령은 스파이로부터 어떤 쪽지를 받았는데, 거기에는 그날 밤에 미국군의 공격이 올 거라는 경고가 적혀 있었어요. 하지만 랄 대령은 쪽지를 받아 주머니에 넣고는 깜빡 잊어버렸어요. 미국군의 공격에 독일군은 깜짝 놀랐고, 짧은 전투 끝에 패배하고 말았어요. 공격을 받아 사망한 랄 대령의 주머니에는 읽지 않은 쪽지가 그대로 있었지요.

타이태닉호의 침몰

타이태닉호가 빙산에 부딪히기 몇 초 전, 근처에는 캘리포니안호의 무선 통신원이 있었지만 이미 근무를 마친 상태였어요. 그래서 타이태닉호의 구조 요청을 듣지 못했지요. 타이태닉호의 승무원들이 나중에 조명탄을 발사했지만, 캘리포니안호의 사람들은 그것이 조난 신호라는 걸 전혀 알아차리지 못했어요. 타이태닉호의 침몰로 1,500명 이상이 사망했고, 오직 705명만 살아남았어요. 가장 가까이 있던 캘리포니안호가 신호를 알아채고 구조에 나섰다면, 더 많은 사람을 살릴 수 있었을지 몰라요.

우주 탐사선의 파괴

미국 항공우주국(NASA)은 화성 기후를 조사하기 위해 화성에 탐사선을 보냈어요. 그 탐사선은 화성의 대기에 너무 가까이 다가가 불에 타고 말았는데, 당시에는 그 이유를 알 수 없었어요. 나중에 알고 보니, 탐사선 개발팀은 미국식 측정 단위를 사용했고 항공우주국의 관제 센터는 이와 다른 방식인 미터법을 사용했던 거예요. 결국 통신 오류가 생겼고, 미국 항공우주국은 1억 2천 5백만 달러의 손실을 보고 말았어요.

···그리고 성공의 역사

윈턴의 아이들

제2차 세계대전 당시, 니컬러스 윈턴 경은 나치 강제 수용소에 있던 유대인 어린이들을 죽음으로부터 구했어요. 모두 650명이 넘어요. 윈턴 경은 아이들을 위해 대리 가족과 비자를 구했고 교통편도 마련했어요. 총 여덟 대의 기차가 아이들을 싣고 프라하에서 출발해 런던의 안전한 곳까지 보냈어요.

1939

달 착륙

전 세계에 있는 거의 모든 라디오와 텔레비전 방송국에서 달 착륙을 생중계했어요. 이렇게 많은 사람이 한 장면을 보기 위해 동시에 모인 적은 없었을 거예요. 아폴로 11호의 승무원들은 임무 내내 지구와 연락을 주고받았기 때문에 일이 어떻게 진행되고 있는지 모든 사람이 알 수 있었어요. 역사상 처음으로 인간의 발이 달 표면에 닿는 순간…, 지구에 있는 사람들은 이 역사를 목격할 수 있었지요!

> 한 인간에게는 작은 걸음이지만, 인류에게는 커다란 도약입니다.

1969

칠레 광산 붕괴

칠레의 산호세에서 커다란 돌이 미끄러지며 광부 33명이 지하 깊은 곳에 갇히는 사고가 발생했어요. 지상에 있는 사람들 대부분 이 사고에서 살아남은 광부는 없을 거라고 생각했어요. 하지만 17일이 지난 후, 광부들은 그들을 찾기 위해 내려온 드릴의 머리 부분에 메시지를 적어 올려 보냈어요. 그 뒤로 식량과 장비가 내려왔고, 구조까지 총 70일이 걸렸지요.

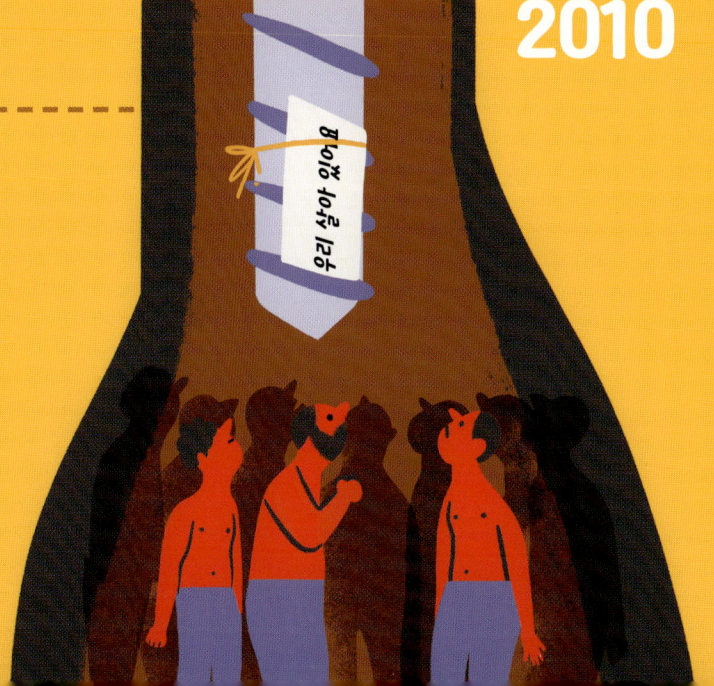

2010